2020

Jan
M	T	W	T	F	S	S
		1	2	3	4	5
6	7	8	9	10	11	12
13	14	15	16	17	18	19
20	21	22	23	24	25	26
27	28	29	30	31		

Feb
M	T	W	T	F	S	S
					1	2
3	4	5	6	7	8	9
10	11	12	13	14	15	16
17	18	19	20	21	22	23
24	25	26	27	28	29	

Mar
M	T	W	T	F	S	S
						1
2	3	4	5	6	7	8
9	10	11	12	13	14	15
16	17	18	19	20	21	22
23	24	25	26	27	28	29
30	31					

Apr
M	T	W	T	F	S	S
		1	2	3	4	5
6	7	8	9	10	11	12
13	14	15	16	17	18	19
20	21	22	23	24	25	26
27	28	29	30			

May
M	T	W	T	F	S	S
				1	2	3
4	5	6	7	8	9	10
11	12	13	14	15	16	17
18	19	20	21	22	23	24
25	26	27	28	29	30	31

Jun
M	T	W	T	F	S	S
1	2	3	4	5	6	7
8	9	10	11	12	13	14
15	16	17	18	19	20	21
22	23	24	25	26	27	28
29	30					

Jul
M	T	W	T	F	S	S
		1	2	3	4	5
6	7	8	9	10	11	12
13	14	15	16	17	18	19
20	21	22	23	24	25	26
27	28	29	30	31		

Aug
M	T	W	T	F	S	S
					1	2
3	4	5	6	7	8	9
10	11	12	13	14	15	16
17	18	19	20	21	22	23
24	25	26	27	28	29	30
31						

Sept
M	T	W	T	F	S	S
	1	2	3	4	5	6
7	8	9	10	11	12	13
14	15	16	17	18	19	20
21	22	23	24	25	26	27
28	29	30				

Oct
M	T	W	T	F	S	S
			1	2	3	4
5	6	7	8	9	10	11
12	13	14	15	16	17	18
19	20	21	22	23	24	25
26	27	28	29	30	31	

Nov
M	T	W	T	F	S	S
						1
2	3	4	5	6	7	8
9	10	11	12	13	14	15
16	17	18	19	20	21	22
23	24	25	26	27	28	29
30						

Dec
M	T	W	T	F	S	S
	1	2	3	4	5	6
7	8	9	10	11	12	13
14	15	16	17	18	19	20
21	22	23	24	25	26	27
28	29	30	31			

January 2020

Mon	Tue	Wed	Thu	Fri	Sat	Sun
		1 New Year's Day	2 2nd January (Scotland)	3	4	5
6	7	8	9	10	11	12
13	14	15	16	17	18	19
20	21	22	23	24	25	26
27	28	29	30	31		

February 2020

Mon	Tue	Wed	Thu	Fri	Sat	Sun
					1	2
3	4	5	6	7	8	9
10	11	12	13	14	15	16
17	18	19	20	21	22	23
24	25	26	27	28	29	

March 2020

Mon	Tue	Wed	Thu	Fri	Sat	Sun
						1 St. David's Day (Wales)
2	3	4	5	6	7	8
9	10	11	12	13	14	15
16	17 St Patrick's Day (No. Ireland)	18	19	20	21	22 Mothering Sunday
23	24	25	26	27	28	29
30	31					

April 2020

Mon	Tue	Wed	Thu	Fri	Sat	Sun
		1	2	3	4	5
6	7	8	9	10 Good Friday	11	12 Easter Sunday
13 Easter Monday	14	15	16	17	18	19
20	21	22	23 St. George's Day	24	25	26
27	28	29	30			

May 2020

Mon	Tue	Wed	Thu	Fri	Sat	Sun
				1	2	3
4	5	6	7	8 Early May Bank Holiday	9 Liberation Day (Guernsey, Jersey)	10
11	12	13	14	15	16	17
18	19	20	21	22	23	24
25 Spring Bank Holiday	26	27	28	29	30	31

June 2020

Mon	Tue	Wed	Thu	Fri	Sat	Sun
1	2	3	4	5	6	7
8	9	10	11	12	13 Queen's Birthday	14
15	16	17	18	19	20	21 Father's Day
22	23	24	25	26	27	28
29	30					

July 2020

Mon	Tue	Wed	Thu	Fri	Sat	Sun
		1	2	3	4	5
6	7	8	9	10	11	12 Battle of the Boyne (Northern Ireland)
13 Battle of the Boyne Observed (No. Ireland)	14	15	16	17	18	19
20	21	22	23	24	25	26
27	28	29	30	31		

August 2020

Mon	Tue	Wed	Thu	Fri	Sat	Sun
					1	2
3 Summer Bank Holiday (Scotland)	4	5	6	7	8	9
10	11	12	13	14	15	16
17	18	19	20	21	22	23
24	25	26	27	28	29	30
31 Summer Bank Holiday (Except Scotland)						

September 2020

Mon	Tue	Wed	Thu	Fri	Sat	Sun
	1	2	3	4	5	6
7	8	9	10	11	12	13
14	15	16	17	18	19	20
21	22	23	24	25	26	27
28	29	30				

October 2020

Mon	Tue	Wed	Thu	Fri	Sat	Sun
			1	2	3	4
5	6	7	8	9	10	11
12	13	14	15	16	17	18
19	20	21	22	23	24	25
26	27	28	29	30	31 Halloween	

November 2020

Mon	Tue	Wed	Thu	Fri	Sat	Sun
						1
2	3	4	5 Guy Fawkes Day	6	7	8 Remembrance Sunday
9	10	11	12	13	14	15
16	17	18	19	20	21	22
23	24	25	26	27	28	29
30 St Andrew's Day (Scotland)						

December 2020

Mon	Tue	Wed	Thu	Fri	Sat	Sun
	1	2	3	4	5	6
7	8	9	10	11	12	13
14	15	16	17	18	19	20
21	22	23	24	25 Christmas Day	26 Boxing Day	27
28 Bank Holiday	29	30	31			

www.ingramcontent.com/pod-product-compliance
Lightning Source LLC
Chambersburg PA
CBHW061147070526
44584CB00033B/4443